AF292714

Laurence De Prins

MON CŒUR EN ECCHYMOSES

Édition : BoD · Books on Demand, 31 avenue Saint-Rémy, 57600 Forbach, bod@bod.fr
Impression : Libri Plureos GmbH, Friedensallee 273, 22763 Hamburg (Allemagne)
Mise en page : s.stories.design, Sandra Stalens
Crédit Photo : Laurence De Prins
ISBN : 978-2-8106-2075-3
Dépôt légal : Février 2025

À Toi...

CHAPITRE 1

Je suis au bon endroit quand je suis dans tes bras.
J'ai épousé le papa de mes enfants, j'aurais aimé épouser
l'homme de mes rêves. C'est sans doute d'une candide naïveté,
j'en conviens. J'ai eu l'audace, l'espoir fou de croire que tu
m'aimais. J'ai été sourde et aveugle. Excuse-moi.

J'ai besoin de te vivre pour survivre. La chute est vertigineuse,
mais tu en vaux la peine.

Je suis partie en altitude pour dévier mon cœur de sa douleur
le temps d'un instant. J'ai eu besoin d'exorciser ma tristesse
de cet Amour avorté. Pour une fois, la route n'a pas pu me
changer les idées, me distraire de ces images de toi et moi.
Je n'ai pas mesuré à quel point j'allais ressentir ton absence.
Toute issue de secours est illusoire.

Nous y voilà. À ce rien éprouvé. Absence du besoin de fuir, de
partir en exil vers un ailleurs pour reprendre une respiration
et tourner une page que je ne parviendrai jamais à tourner.

New York ne m'appelle plus. Aucune destination ne viendra me sauver. Les saveurs de l'espoir se sont dissipées. Je n'ai malheureusement pas été un coup de cœur pour toi. Sinon l'histoire aurait été différente… Cette clarté me fait déposer les armes. Pour la première fois, j'ai peur, peur de moi car je ne vois pas d'issue.

Mon cœur est mort d'amour.

Les nuits écourtées se succèdent aux jours fatigués.

Je ne maîtrise pas le badinage des sentiments, et j'en suis désolée. Je comprends que tu aurais préféré que notre relation soit empreinte d'une légèreté sans attache. Je t'ai raconté mon cœur, mon amour pour toi, et depuis, ton envie de me voir s'est éteinte.

Tu me manques. Je me sentais si bien avec toi.

CHAPITRE 2

J'aime ta douceur, ta sensibilité palpable, ton élégante bienveillance. Tu me touches.

Tu me donnes envie de prendre soin de toi.

Tu me donnes envie d'un quotidien à te faire l'amour. Mes doigts se délectent de ta peau. Tes lèvres sont ma maison.

J'aurais voulu être ta maison.

J'aurais voulu avoir le temps de te connaître mieux, de te comprendre, de te compléter.

J'aime l'éclat dans tes yeux quand les mots s'envolent, virevoltent lorsque tu te racontes. J'aime te voir t'illuminer.

Tu m'aides à me rappeler qu'il faut profiter de chaque instant. Car les moments de bonheur auprès de toi étaient éphémères, alors que je les désirais permanents.

Tu me donnes le vertige.

Tu me manques.

J'ai mal au cœur et à l'âme.

J'ai mal au corps.

Je t'aime éperdument, follement.

Tu m'as permis d'aimer à nouveau. C'est énorme. Merci…

J'aurais voulu que tu me voies.

Je ne m'attendais pas à toi. Je suis prise au cœur.

J'ai des envies, tellement d'envies avec toi. Envie d'embrasser le monde à tes côtés.

J'ai aimé nos discussions, ton partage sur ta grand-mère, merci infiniment de cette intimité confiée. J'aurais voulu t'embarquer partout pour te faire des surprises à la hauteur de tes rêves d'enfant. J'aurais aimé te voir sourire, te voir rire, te sentir heureux.

Nous étions la parfaite combinaison.

Ce que je ressens pour toi est immense et tient en sept lettres.

Je suis à fleur de toi. C'est bien plus qu'une attirance physique. Je suis admirative de qui tu es, de ton parcours, des poings aux forces de l'ordre, de ta volonté. Je passerais des heures à t'écouter t'enthousiasmer de ton travail, tes yeux brillent, tu m'émeus.

J'aime ta sensibilité, ton engagement dans les projets qui te tiennent à cœur, qui te mettent en joie, tu m'impressionnes.

J'aime ta douceur au bord des yeux, ta retenue, tu me touches.

Tu as besoin de parler, j'ai besoin d'écouter, nous avons besoin de ressentir... Nous avons ce côté sauvage intérieur et ce besoin de cadre rassurant. Notre compatibilité est une magique évidence.

Je veux tout avec toi. J'aimerais vivre avec toi et nos enfants réunis, te dessiner chaque jour après l'amour, te préparer à dîner après ta journée, les grandes tablées entre amis et en famille, je veux nous envivrer de voyages et d'aventures.

Je veux t'aimer au quotidien.

Je te souhaite de rester la personne extraordinaire que tu es, de remporter des victoires personnelles et sportives à la hauteur des vibrations de ton cœur.

Ton énergie m'apaise.

Ton corps m'excite.

Ta peau m'enivre.

Ton esprit me fait sourire.

Tes valeurs me font écho.

Tu es l'urgence, le réconfort, la beauté, le danger, la porte ouverte à ma vulnérabilité, mon talon d'Achille.

Je t'ai dans la peau.

Je voudrais connaître tes endroits cachés pour t'aider à te relever.

Je t'aime tellement.

Je suis juste avec moi-même quand je t'aime.

Tu me fais du bien. T'aimer me fait du bien.

J'ai aimé mon ex-mari plus que moi. Je t'aime plus que tout, mais je m'aime aussi... maintenant. C'est pourquoi je sais au plus profond de mon être que ce Nous aurait été la plus belle histoire d'Amour à vivre. Celle qu'on ne ressent qu'une seule fois, quand la vie nous donne cette chance de pouvoir ne fut-ce que l'effleurer.

Je serai résiliente dans mon amour pour toi. Qu'importe les rencontres que je serai amenée à faire, ils n'auront jamais de moi ce que je t'aurais donné, à Toi, Toi qui aurais eu tout de moi. Ils n'auront que mon corps, pas mon cœur. Ils auront le quotidien, pas le vivre ensemble. Ils auront la bienveillance, pas l'Amour, inconditionnel par définition. Ils auront un certain partage, pas le partage certain de l'alliance. Ils auront les rires, pas les larmes. Celles qui font pleurer quand on n'est plus raccordés, celles qui font grandir, évoluer, celles qui font avancer aux côtés de l'être aimé. Celles des rires fous qui resserent les liens et renforcent l'intimité. Celles qui mettent en joie et qui créent le partage, l'unicité. Celles que l'on oublient pas. Celles qui font que c'est Toi, que c'est moi, que c'est Nous. Qu'importe les bras dans lesquels je trouverais refuge pour panser mon manque de toi, pour panser ma vie sans toi, si par le plus grand des miracles ton cœur devait bondir pour moi, je les lâcherais sans hésitation aucune pour toi. Je le sais... Parce que mon amour pour toi est plus fort, plus grand que moi... Parce que c'est Toi.

J'aime ton humilité. Je la croyais grande chez moi, j'ai dû la camoufler au fil de ces dernières années. Tu me ramènes à moi et me pousses à m'améliorer.

À toi et tes enfants, je vous souhaite d'être aimés, très fort. Je vous souhaite d'aimer, encore plus. Car aimer n'est pas être aimé. Aimer, c'est le pouvoir du juste. C'est ce sentiment de plénitude qui nous rend libre, qui nous fait voler, qui nous fait sourire. C'est ce don de soi, sans attendre en retour, qui nous donne la paix. C'est plus fort que nous, c'est plus fort que soi, c'est au-delà de tout. C'est ce qui nous transcende, nous fait vibrer, fait sens. Le toucher, c'est pouvoir apprécier le reste avec une douce distance, c'est ce qui nous fait prendre de la hauteur et nous fait contempler le monde avec plus de sérénité.

« Feed your head », elle t'anime cette chanson. Je reconnais ta douceur dans ce son.

Comme tu es beau, de l'intérieur.

Comme tu es beau, de l'extérieur.

Comme je t'aime.

Cet Amour pour toi, à défaut de pouvoir le vivre, il m'est au moins donné de le ressentir, de le mettre en mots. Même si derrière ces mots se cachent des maux.

Je suis folle de toi.

J'ai le cœur cabossé.

Il a suffi que mes yeux se posent sur toi pour succomber, avant même de te toucher. J'ai perdu le contrôle.

Je t'aime à la folie. Et quelle folie de t'aimer, toi qui ne m'aimes pas.

Je me suis fait une raison. J'ai la lucidité obligée. Je le croyais. On ne peut pas forcer celui qu'on aime à nous aimer. J'aurais tant voulu avoir ce qu'il faut pour te plaire.

Il ne faut pas croire aux chimères. Ce rêve de toi malmené, ce rêve de toi finalement juste rêvé.

J'aurais voulu être avec toi dans le rien. J'aurais voulu être avec toi dans le tout. Compatibilité quand tu nous tiens.

Je me suis laissée aveuglée à corps perdu par mon amour pour toi. J'y ai cru. J'ai voulu y croire.

Quand tu es là, devant moi, un tourbillon de sensations m'envahit, me submerge, me dépasse.

Sentiments vertigineux. Je suis aimantée à toi.

J'ai besoin de ce peau à peau avec la tienne, uniquement la tienne. Elle m'étourdit, me nourrit, m'électrise. Ton étreinte est le plus beau des voyages, le plus féroce aussi, parce que je le sais inassouvi. Je l'aurais voulu infini.

Serais-je encore capable d'aimer ? Laissserais-je encore un homme s'insinuer en moi comme toi ? Serais-je encore attirée comme tu m'attires ? Je sais qu'il n'y a qu'un NON en guise de réponse à toutes ces questions parce qu'au fond, personne ne me plaira jamais autant que tu me plais. Et ça m'effraie…

Des « jamais », des « toujours », quoi de plus faux après avoir expérimenté un divorce. Et pourtant… Je les ressens ces mots de l'intime évidence. Je te désire tellement. Encore. Je te désirerai toujours.

Tu peux rire de moi, de l'absurdité de l'espoir que j'ai eu alors que tu n'as jamais eu l'intention de m'aimer. Je me sens stupide.

Et pourtant, je te pardonne. Parce que je t'aime. C'est tout. Certains diraient que je t'aime au prix de ma dignité. Quelle dignité perdue quand il s'agit d'Amour ? Malgré cette folie non passagère, je reste digne face à la justesse de mon cœur qui t'a reconnu. Je reste droite, fière sur mon fil rouge de l'intégrité. Je suis entière.

J'ai désormais des rêves remplis de rien. Où cela va t-il mener ? Je n'en ai rien à cirer. Je n'arrive plus à respirer. La douleur fait de moi une autre que je ne suis pas. Être sur la défensive, aboyer, t'éviter, te rejeter. Laisser mon cœur te regarder serait te permettre d'y entrer. Et je m'effondrerais. Je parais docile. Ce n'est qu'une façade. Ne soyons pas dupes.

Je t'ai aimé avant le premier touché, avant le premier regard, je t'ai aimé à la seconde où je t'ai vu, et je t'ai ressenti... de cette fenêtre là-haut. Tu traversais le terrain, l'air oublié. Je t'ai goûté de mes yeux déjà fous d'amour pour toi, mon cœur s'est gonflé, mon estomac a chaviré, mon être s'est apaisé. La paix j'ai trouvé à te regarder. Au premier regard, j'ai succombé. Sous tes paroles, mon cœur a compris qu'il allait se livrer. Sous la douceur de tes mots, j'ai courbé l'échine. Je suis à toi. J'étais indomptable... jusqu'à Toi.

La vie m'a mise échec et mat.

Je n'ose plus te regarder parce que je suis blessée. Tu disais qu'on se verrait bientôt, et tu n'es jamais venu... Alors je me renferme... très fort... Alors que mon cœur n'a qu'une envie, t'embrasser...

Je suis ivre de Toi.

Avec toi, mon cœur a su ce qu'est Aimer.

Avec toi, mon corps a connu la passion dévorante.

Avec toi, les mots se sont tus.

Avec toi, le monde aurait pu s'arrêter.

Avec toi, je me suis laissée aller à la confiance nue.

Avec toi, j'aurais pu.

Avec toi, je veux tout, ces « tout » qui te font rêver, ces « tout » qui me font vibrer.

Avec toi, je veux danser sous la pluie.

Avec toi, je cours vers mes envies.

Avec toi, j'ai touché l'inespéré.

Avec toi, j'aurais voulu construire un Nous.

Avec toi, j'ai le goût du trop peu, le goût des encore.

Avec toi, je me suis sentie comprise.

Avec toi, j'aurais traversé les chemins escarpés de la vie, parce tu aurais été à mes côtés, parce que tu m'en aurais donné plus qu'une envie, une nécessité.

J'aurais transformé les cailloux en fleurs pour guérir ce qui aurait pu écorcher tes émotions.

J'aurais voulu te porter, te soutenir, t'encourager, toujours, sans relâche. Je serai toujours de ton côté.

Tu es mon monde et ses merveilles, mon infinie tendresse.

D'aucun disent qu'il faut se heurter au vivre seul pour se trouver et trouver le bonheur. À ceux-là je réponds que c'est parce que l'expérience est faite que je sais où regarder.

Nous avons le langage identique.

Les bleus de mon cœur me font mal au corps.
Je suis incosolable.

J'ai la mélancolie assidue.

CHAPITRE 3

J'ai eu le sarcasme facile, et je m'en veux tellement. Je suis profondément désolée si j'ai pu te blesser. Te blesser me fait mal. Je n'ai pas été à la hauteur de ce que j'éprouve pour toi, de ce que tu méritais recevoir.

Certains mots sont sécurisants, d'autres nous plongent dans l'insécurité. Il en suffit d'un seul pour faire vaciller. J'ai eu le mot maladroit. T'avouer avoir pleuré devant mon fils tant les larmes étaient impossibles à retenir t'a laissé imaginer que je nous avais racontés, alors que non, je lui ai simplement confié que maman était amoureuse d'un homme qui ne l'aimait pas, mais que ce n'était pas grave, que c'était la vie, et que ça allait passer. J'ai dû le rassurer, voilà tout. Alors non, je ne te trahirai jamais, je t'en ai fait la promesse, je me la suis faite également. C'est une promesse de mon amour intangible pour toi. Je ne te priverai jamais de cet amour familial dont tu as besoin, celui qui t'a sauvé, celui qui te berce. Je t'aime trop pour cela. Je t'aime tout court. Je te veux heureux.

Cette distance insurmontable que tu as érigée entre nous, ces mots froids, détachés, comme si nous étions à présent des inconnus, comme si rien n'avait existé... Quelle blessure... J'ai fait mon possible pour me tenir à distance de moi-même, créé un rempart, fait du bruit, fait semblant, pour qu'à tes yeux, je paraisse forte, alors que je n'étais que tristesse. Je suis arrivée accompagnée d'un homme à la beauté unanime afin de te provoquer, et espérer éveiller un soupçon de jalousie au creux de toi, quelle terrible erreur. Il n'était qu'un ami... Je me suis étalée, aboyé mon intimité, laissé supposer qu'un autre serait susceptible de te remplacer aisément, que la page était tournée, quel mensonge. Je me suis fourvoyée.

L'amour fait faire n'importe quoi. J'ai eu l'attitude fébrile. Pardonne-moi. Si je pouvais retourner en arrière, et arriver seule, la tête haute, le buste fier, avec la sérénité apparente comme bouclier, le cœur ouvert...

Retrouver la paix intérieure, c'est marcher en équilibre sur son fil, c'est être aligné avec qui l'on est. Ma douceur et ma gentillesse ont été mises à mal, ont été synonymes de faiblesse; elles ont été sous-évaluées au bout du compte. Car cette lumière intérieure est la seule qui m'éclaire. Je la sais juste parce que c'est elle qui m'a menée à toi, portée par mon cœur. Je te vois. Je te ressens. Sache que tu as touché mon cœur et mon âme. Sache que tu me plais. Sache qu'il n'y a que toi. Sache que c'est Toi...

Je dépose une respiration dans le creux de ton cou.

Tu me troubles.

Tu es mon évidence.

L'amour est la seule chose qui vaille la peine. Que se passe-t-il quand l'espoir nous abandonne? On continue de rêver. Je continuerai de rêver parce que c'est Toi mon autre moi.

Savoir que tu existes me rend heureuse... tout simplement...

Je t'ai trouvé.

Merci d'exister...

CHAPITRE 4

Les jours, les nuits, les mois, le temps passent, tu es toujours là, au creux de moi. Je n'arrête pas de me demander ce que j'aurais pu dire ou faire pour ne pas te perdre, pour que tu tombes amoureux de moi. Feindre mes sentiments, les cacher derrière un sourire, être légère et détachée. Ne pas espérer. Simple.

Pour que nos cœurs se trouvent, se parlent, aient la raisonnance mutuelle. Te laisser le temps.

J'aurais dû être plus forte émotionnellement. Je n'ai pas été à la hauteur. Je m'en veux tellement. Car tu étais, mes enfants mis à part, mon plus beau cadeau. Et j'ai tout gâché. Jamais je ne pourrai me le pardonner.

Ma tristesse, cette inconséquence par laquelle j'ai compromis toutes mes chances.

Je suis amputée du cœur.

Se relever, pour mes enfants, pour moi aussi.

Comment se recentrer ? Se concentrer sur ce qui fait du bien, sur ce qui met en joie. La mer. C'est en cherchant comment me rapprocher de l'océan et de la planche que je suis tombée sur une compétition d'ultra longue distance en Ecosse, dans les Highlands. Une destination spéciale. J'avais toujours rêvé de fouler cette terre sauvage, d'emprunter ces routes enclavées entre montagnes et lacs noirs, ressentir l'énergie puissante de cette nature vierge au côté de l'être aimé, Toi.

Je nous ai rêvés à vibrer au milieu de nulle part et contempler l'immensité pour se créer des souvenirs dans nos cœurs et nos corps. Des moments authentiques, rien qu'à nous, qui auraient créés une connexion émotionnelle profonde, vraie, inébranlable. Nos cœurs et nos ventres connectés.

Je me suis résolue à ne pas pouvoir la vivre. Parce qu'il n'y a qu'avec toi que je l'aurais voulu.

Alors lorsque cette expérience d'ULD en SUP s'est présentée, et qu' à plus forte raison elle se tiendrait les 20 et 21 septembre, date de ton anniversaire, c'était un signe, il fallait que je la saisisse. La faire est devenu viscérale. Tout comme toi.

Cela fait sept mois que les entraînements s'enchaînent, entre cardio et musculation, à un ryhtme intensif quasi quotidien. Chaque nouvelle information au sujet de l'organisation de l'événement amène un challenge supplémentaire, ce qui a tout pour me plaire. 92 kilomètres de traversée des Lochs sur l'eau en deux jours pour que la douleur de mon corps soit plus forte que celle de mon cœur. Une immersion complète dans les méandres du mental. Pour me perdre. Pour ne plus te penser. Il fallait bien un Everest pour être à la hauteur de mon amour pour toi, de ma peine, du gouffre que tu as laissé. 92 kilomètres pour tenter une respiration.

J'ai le cœur brisé.

Embrasser ce chemin avec détermination pour y entrevoir la vie de l'autre côté, une perspective enchanteresse, un espoir théorique, il en va sans dire, mais apaisant.

Nous avons eu, ma partenaire et moi, la chance de faire la connaissance de Vincent, un athlète hors pair soucieux de notre bien-être. Ses conseils sont précieux et construisent un cadre anticipatif réconfortant.
Cette aventure n'est pas sans risque. Les Lochs sont susceptibles de connaître des conditions climatiques océaniques. Les électrolytes sont arrivées, il ne reste plus qu'à les tester, les digérer. Deux journées entières à ingurgiter du liquide mélangeant protéines et autres joyeusetés destinées à nous empêcher de faillir. La régularité dans leur prise sera notre meilleur allié pour tenir la distance. Sans compter la protection des mains, l'unique variable parmi la liste de facteurs imprévisibles que j'appréhende.
L'anticipation est de mise, l'endurance sans limite le minimum, vaciller n'est pas une option. Le reste, ces impondérables, ne sont que déclancheurs d'adrénaline. La souffrance physique sera extrême, j'y suis préparée.
Je les attends ces larmes en devenir pour te pleurer... encore... alors qu' elles sont déjà journalières, pour crier ma détresse, pour me vomir, pour m'oublier. Ces pleurs auront une autre dimension. Je les souhaite salvateurs. Toi seul est mon moteur.

Tu vis en moi.

Un kit de tatouages permanents est en route. Deux lettres, tes initiales. À apposer le long des veines de l'avant-bras gauche, celles qui relient au cœur. Toi, à jamais dans le mien.

J'envie la totale ignorance de ceux qui n'ont pas fait l'expérience du grand amour éconduit. Les gens tentent de mettre des mots là où ça n'a pas lieu d'être. Tomber amoureux ne s'explique pas, tout comme le chagrin qui s'ensuit lorsque l'amour n'est pas réciproque. Il faut l'avoir vécu pour pouvoir le comprendre. Mon cœur a trouvé son chemin jusqu'à toi.

Simplement.

Je ne sais pas faire sans toi.

La saison de sport a recommencé. Hier soir, nous nous sommes revus aux abords du terrain. Ta posture détachée m'a laissée sans voix. C'est étrange, ce sentiment que l'on peut ressentir, pendant des mois, l'éléctricité et la tension sexuelle si palpables, du jour au lendemain, plus rien de ton côté... Cette claque ne demande aucune explication, elle se suffit à elle-même et ne laisse aucun doute sur une quelconque interprétation.
Je me sentais proche de toi. Je pensais que tu l'étais aussi... Je nous pensais connectés.
Encaisser, je n'y arrive plus. Il faudra de l'espace, beaucoup d'espace, disparaître, longtemps, peut-être définitivement, par un déménagement. Toutes les portes sont ouvertes désormais.

Il est grand temps d'avancer.

C'est avec une excitation particulière, et une résilience tenace, que j'ai pris la décision de m'offrir un avenir. Comme le disait ma grand-mère : « Aide-toi, le Ciel t'aidera ».

Il faut avoir de l'audace pour se réaliser, et ne pas donner le pouvoir aux autres de nous faire croire que nous n'en sommes pas capables.

Il faut se donner les moyens de ses ambitions. Ce dernier terme ne faisait pas vraiment partie de mon vocabulaire, si l'on s'attache à sa définition vulgarisée et première du dictionnaire Larousse, à savoir « *1. le désir ardent de posséder quelque chose, 2. le désir ardent de gloire, d'honneurs, de réussiste sociale, 3. la prétention de réussir quelque chose* ». En tant que romantique invétérée, névrosée de l'amour et des relations humaines, en quête de sens, mon ambition s'est toujours inscrite dans le désir profond de vivre et ressentir le monde dans l'unique vibration de l'amour absolu. En communion avec l'homme que j'aurais choisi et qui m'aurait choisie.

J'aurais voulu voir le monde au travers de tes yeux.

Je te regarde telle une enfant émerveillée.

Merci.

Je suis une grande enfant qui fait fi des injonctions, avec une passion dévorante pour l'amusement, pour le détournement de règles, et qui t'a choisi, Toi, pour chevaucher le monde ensemble.

Je suis une femme amoureuse. Sans Toi, cette chevauchée de tous les possibles, de toutes les saines découvertes, n'a pas de sens.

Je t'aime. C'est organique.

À défaut de pouvoir te vivre, me voilà à la croisée du chemin, à la conquête de formations professionnelles en continu complémentaires pour arroser mes pensées de quelque chose qui n'est pas Toi...

CHAPITRE 5

J'ai manqué de pudeur. La démonstration des sentiments gagnerait à être un discours que l'on se fait à soi-même.

Je t'ai envoyé un message. Pris de tes nouvelles. T'ai proposé de se voir. Je sais...

J'ai espéré... en vain...

Il est important de se pardonner les déviations de route motivées par des sentiments douloureux. Ce qui est insensé est difficilement vivable. Les comportements de travers qui s'ensuivent restent au fond emprunts d'une certaine gentillesse lorsqu'ils sont maladroits. Des actes de défense désespérés.

J'ai été désespérée.

Ce qui est inconcevable laisse amer. Un temps.

Et fait place à la tristesse. Longtemps. Un contrat à durée indéterminée.

À tous les amoureux blessés, nous avons tous droit au bonheur. Mais quand on a trouvé celui ou celle qu'on attendait, qu'on y a cru, et que tout s'est envolé, c'est l'espoir qui disparaît.

La plus belle des réponses à cette incompréhension est celle que l'on se fait : s'octroyer le respect que l'autre ne nous a pas donné. Ce qui permet de mettre les choses en perspective. De redevenir clairvoyant là où l'amour nous a aveuglés.

Et je continue de t'aimer.

Purée de pureté de cœur que j'ai.

À tous les amoureux qui s'aiment, vraiment, enlacez-vous, aimez-vous à corps nus et cœurs vulnérables. Embrassez-vous. Encore, toujours. De vos lèvres passionnées, mordillez-vous. De vos langues assoifées, goûtez-vous. De vos odeurs, au creux de vos reins, au creux de vos cous, au creux des cuisses, au creux de vous, respirez-vous à vous en étourdir. Caressez-vous. Touchez-vous. Faites l'amour comme si c'était la dernière fois. Faites-vous rire à en décrocher des larmes de joie. Ayez des projets, de balades main dans la main, d'escapades du bout du monde, de maison de vacances, de nuits insolites, de nuits ordinaires, de contemplation de la mer blottis l'un contre l'autre sans mot dire tout en se comprenant.

Souriez. Vivez. Profitez.

J'ai le cœur et le corps fissurés.

Mon cœur, brisé.

J'ai mal.

CHAPITRE 6

Mes nuits sont colorées de toi, de toi et moi. La nuit, cet unique espace où Nous devenons possibles. Je t'enlace, fort, je te rêve amoureux. Et puis la réalité reprend sa place, mon corps arrête de respirer. Il est 4 heures du matin, une fois encore, réveillée par mes poumons qui étouffent. On m'avait mise en garde, « Fais attention, le corps ne trahit pas ». J'ai beau usé de tous les subterfuges pour camoufler mes pleurs derrière mon estomac noué, la nuit laisse mon corps parler. Il me rappelle que tu n'es pas mien, et me confirme qu'il a du mal à respirer sans toi.

Tu es singulier. Déroutant. Poétique.

Je voudrais ma vie avec toi.

Côte à côte.

L'un dans l'autre.

Aujourd'hui, il y a entraînement.

Le cœur rempli d'ecchymoses, je retiens mon souffle pour ne pas faillir à ta vue. Tu me dis « bonjour Laurence », ton odeur et ta peau me caressent, les larmes glissent de l'intérieur. Garbo est là, pour me rattraper. La plus belle lueur dans cette histoire, les amitiés. Gabrielle, toi qui lis au travers des lignes, qui termines mes phrases, toi, le soutien inconditionnel, sans jugement tu me comprends, tu m'écoutes, tu me soignes. Merci. Garbo, l'ange sur mon épaule, celui qui comprend mes combats intérieurs pour te surmonter, celui dont la blessure identique nous a rapprochés, celui qui porte une tristesse et un traumatisme d'une raisonnance similaire. Merci de me faire rire quand les larmes montent, merci de m'apaiser d'un regard quand la respiration me manque lorsque je suis près de toi.

Une de tes conquêtes s'approche, tout contre toi. La danse des mots flatteurs virevolte entre vous. Elle s'affiche, fière, sans foi ni loi, elle te veut. Tu lui réponds, lui donnes la réplique, participes au jeu de la séduction. Je regarde cette scène que je reconnais, celle par laquelle tout a commencé. Je comprends alors le jeu dans lequel je suis tombée. Celui de l'imbécilité. Je me sens telle une petite idiote qui a perdu la vue et l'esprit inhérent à l'amour naissant. Tu opères cette danse, avec une autre, devant moi, avec un détachement si naturel qu'il en est fracassant de douleur pour mon corps, et risible pour mes yeux. Je souris et me dirige vers Garbo, assis plus loin, vous laisse terminer l'histoire.

Je n'ai été qu'un plaisir en-dessous de la ceinture.

Un plaisir parmi d'autres.

Il arrivera le jour où tu rencontreras celle qui te fera vibrer comme tu me bouleverses. Il arrivera ce jour où tu quitteras tout pour elle. Cette femme n'aura malheureusement pas été moi. Alors que je t'aimais et t'aime à en avoir perdu la raison. Elle te la fera perdre aussi, pourvu que je ne le sache jamais, que je ne sois plus, ou que je sois loin pour ne pas mourir. Même si mon corps se meurt déjà depuis sept mois. J'ai trébuché, me suis relevée, pour trébucher à nouveau. Une suite sans fin. Une fin je souhaite. Une fin d'un Amour réciproque j'ai rêvé, une fin tragique j'ai vécu, une fin « heureuse » en demi-teintes je me souhaite, avec un homme, pour t'oublier, même si... même si... Jamais je ne t'oublierai. Jamais il ne pourra te remplacer. Je me souhaite une douceur de vivre, une douceur au corps, pour calmer mon cœur, effacer mes larmes, calfeutrer le vide béant de mon cœur.

Nous aurions été heureux.

Je le sais.

Tu le sais.

Je ne peux te blâmer de ne pas ressentir ces sentiments de perdition, peut-être, mais organiques. Ceux qui nourrissent, ceux qui portent, ceux qui subliment, ceux qui donnent l'espoir et dessinent les sourires.

Tu m'as rendue heureuse, vraiment, pleinement, l'espace de quelques instants. Merci.

Nos cœurs croisés ne se sont jamais rencontrés. Ma souffrance est assourdissante.

Tu es et resteras mon Amour.

Mes rêves de toi ont déteints sur mes jours.
Tu es ancré en moi.

CHAPITRE 7

Il n'y a pas de réalité objective. Il y a juste plusieurs manières de l'appréhender, selon nos sensibilités, et l'expérience acquise au fil des années. Comme si une sagesse en devenir était à la clé. Alors qu'au final, il suffit d'une rencontre, d'un seul événement parmi pléthore de secondes vécues pour apporter une direction divergente à nos fondamentaux. Notre cœur reste le socle de notre réalité, le miroir de nos émotions. Les ressentis de nos corps en sont les réponses.

On ne voit généralement que ce qu'on a envie de voir. On ne comprend que ce que nous avons envie de comprendre.

Tout est une question de confiance.

Et d'instinct.

Le mien a fait défaut, ce qui m'a été préjudiciable.

Putain d'atroce vérité.

Rendez-vous imprévu à la banque ce matin. En me garant, j'aperçois ta voiture. Imprévisibilité que fais-tu ? Mon mental jusqu'à peu était au garde à vous, en puissance. Et là, en l'espace d'une fraction de seconde, mon cœur s'emballe, mes mains tremblent, les accouphènes sifflent, je sors de la banque et m'écroule en pleurs.

Cette nuit mon corps s'arrêtera à nouveau de respirer.

Ma tête ment, trouve des simulacres pour masquer ma tristesse si profonde, et mon corps me rappelle combien je te ressens dans mes tripes .

L'écriture est un dialogue que l'on se fait à soi-même. Une catharsis salvatrice. Je m'y noie. Je m'y enfonce. Je m'éteins. Mes nuits sont courtes. Tu me réveilles sans être là. Aujourd'hui, c'est en journée que j'ai vu les étoiles qui font arrêter de respirer. Mon corps ne veut plus rien entendre. Je suis folle d'amour et de tristesse. L'intensité avec laquelle je vis les choses peut faire peur. T'a fait peur. Je t'ai perdu.

Je suis en détresse.

Tu me manques.

Quatre jours avant le grand départ.

CHAPITRE 8

Tu rentres dans la cafétaria. Je ne vois que toi. Tu es d'une beauté à me faire vaciller.

Quand tes mains accompagnent tes mots lorsque tu te racontes, je les dévore du regard. Je respire tes doigts de loin, les veux à nouveau sur moi. Tu frottes ta cuisse gauche, j'ai tellement envie de toi.

Tu es ma douce fièvre.

∽

Comme je l'ai rêvée cette seconde chance.

∽

Je me sens d'une médiocrité sans nom. Je suis meurtrie. Lorsque tu as avancé ta joue pour que j'y dépose un baiser de politesse détachée, ta fossette traduisant ton sourire j'aurais voulu respirer, embrasser à pleines lèvres. Une esquisse effacée j'ai déposé, par douleur de ne pouvoir plus te goûter.

Cette nuit je suis morte un peu plus.

Je n'ai plus les mots. Je suis sans voix. Muette. Mon corps, éteint.

Vivement demain pour prendre la route vers ce loin qui ne le sera jamais assez pour t'oublier.

⌀

12h30, 18 septembre. Alice et moi démarrons direction les Highlands. Un trajet parsemé de fou-rires, de petites inquiétudes à la première traversée de ronds-points en conduite à gauche ! Agrippée au volant, les feux de stop allumés, Alice était parfaite dans son rôle de co-passagère en m'indiquant avec une assertivité hilarante les directions à emprunter.

21h30, sans hôtel défini, le chemin nous mène dans un quartier sublime au détour duquel un établissement baigné de lumières nous accueille. Un instant d'émerveillement bienvenu. Le lendemain, 19h, après 7h de voiture, le van prévu pour nous déposer le vendredi au départ de la course nous attend certains athlètes et moi-même afin de charger les planches. Au briefing qui s'ensuit, Gunter, notre athlète belge, est une figure amicale qui apparait dans le groupe. Avec une gentillesse bienveillante, Simon, le journaliste anglais du *Financial Times* qui couvre l'événement, accepte de démarrer la course ensemble .

Jour J. 4h du matin, le réveil retentit. Dans un calme olympien, chaque geste déjà répété au préalable et vêtements vérifiés, j'enfile combinaison et veste néoprènes , déjeune sereinement le son d'avoine préparé la veille, empaquette les trois sacs de survie dans la voiture. Arrivée au parking, le van nous attend. Le ciel encore noir, nous nous laissons transporter vers Inverness. Brume et ciel bas plantent le décor. L'ambiance est à l'heure de la concentration. Les huit athlètes prônent le silence tandis que j'appose discrètement les *tapes* le long de chacun de mes doigts, sans oublier les paumes.

Arrivés au canal, point de départ sur l'eau, je monte sur ma planche en toute sérénité. L'atmosphère si calme et paisible nourrit la force tranquille en chacun de nous.

Quel bonheur à l'intérieur.

6h30, le sifflet lance l'assault. Au moment du portage, sortie de l'eau à la première écluse, j'en profite pour manger ma barre protéinée. Les participants confirmés ne tardent pas à me dépasser. Je termine mon encas et me retrouve seule sur l'eau. Cette issue était prévue, je m'y étais préparée durant ces sept mois, depuis ta décision de toi sans moi. Je l'attendais tellement cette expérience à l'unisson avec la nature, et m'en réjouissais. Sans adrénaline et anesthésie du corps pour en oublier le cœur, sans danger maîtrisé, sans douleur, l'épreuve aurait manqué de sens.

Il n'y a que l'eau et les montagnes. Solitude grisante. Et pourtant si pleine de toi.

Le vent se soulève, des vagues pour l'accompagner. Dix heures à pagayer dont quatre à contre-courant avec un vent latéral. Les éléments me rappellent la raison pour laquelle mon corps avait besoin de contrecarrer l'état de mon cœur.

Un état de sauvagerie nue. Vivace.

Je suis à vif.

Et en même temps en force.

L'inflammation de mon coude gauche me fit sourire.
Objectif atteint. Quelques heures à me concentrer sur ma douleur physique, à évaluer les risques, à continuer. Je ne t'ai pas crié comme je pensais le faire.
Je t'ai aimé. Avec tendresse. Avec pudeur. En paix.

Les mots d'Emma, l'organisatrice de la *race*, m'ont fait comprendre ce qu'il venait de se passer. Elle a apporté de la valeur à un acte dont je n'avais pas mesuré la portée. Affronter le Loch Ness seule était une première et le restera.

Ce dépassement de soi s'est fait avec une profonde sérénité. Porté par la puissance de mon Amour pour toi.

S'en suivirent quinze heures d'une traite de retour en voiture. Merci Alice d'avoir cru en moi, merci d'avoir été là...

La déferlante de paysages brutes nous laisse sans voix. Quelle beauté. Quelle merveille. Cet endroit, un trésor qui nous a envahit, et marqué au fer rouge... comme toi...

La simplicité des écossais nous ramène très rapidement à l'essentiel. Elle rappelle que l'amour des choses simples est l'unique nécessité, la base à tout bonheur. Nous le savions. Et cela nous manquait. Nous ne voulions pas rentrer. La ville et ses déviances ne nous correspondent pas, même si nous en avons les codes.

Les seuls recoins dans lesquels je souhaite me frayer sont les tiens. Et te kidnapper dans un vieux pick-up américain pour partir à la conquête de nos chaires dans les endroits du monde vierges de tout.

Viens.

CHAPITRE 9

Je ne t'en veux pas de ne pas avoir été amoureux de moi, l'amour nous tombe dessus, ou pas, et nous n'avons aucune prise sur ce qui arrive.

Je continue de t'aimer malgré ton non amour avoué auprès de Garbo, malgré la froideur, le détachement, l'absence d'empathie complète que tu as eu à mon égard lors de vos échanges. Comment t'en vouloir ? Je continue de t'aimer parce que tu es mon amoureux idéal pour moi, celui auprès duquel je me suis sentie heureuse. Celui que j'attendais. Celui dont, petite, je dessinais les contours et dont les traits sont apparus dès que je t'ai vu, dès que tu es venu me chercher.

Ton cœur a touché le mien.

La vie n'épargne pas les authentiques, les romantiques, et offre de beaux cadeaux à ceux qui le sont moins. À l'instar de beaucoup de choses, elle ne se montre pas souvent juste. Faut-il pour autant abandonner l'idée du prince charmant, de la princesse charmante ? Je suis sincèrement convaincue que cette personne enfouie dans nos entrailles existe parce qu'il y a de la bonté dans l'humanité, même si elle se fait rare.

Notre personne idéale est fort heureusement propre à chacun. Parce que nous sommes pluriels, différents, complémentaires. Certains tenteront de se l'approprier au détour d'un chemin, pour des raisons avouables ou non, certes. Il n'en reste pas moins que l'Amour véritable pardonne et donne une seconde chance à ceux qui souhaitent la saisir. La réciprocité reste la clé, celle susceptible de manquer, parfois, mais lorsqu'elle est de mise, permet un bonheur incommensurable.

L'Amour est le seul sentiment qui vaille réellement la peine. Il est à l'origine des beautés de la vie. Qu'il prenne la forme d'un regard, d'un objet, d'une sensation, d'une énergie, d'une action bienveillante qui n'attend pas de retour.

L'Amour reste cet insaisissable que nous cherchons tous et que certains ont la chance de rencontrer. Il se veut quelque fois fugace, ou, avec chance, intemporel. Q'importe sa longévité, le plus important est de le savourer.

Tu es un être magnifique. Ma parfaite imperfection. Celui dont j'aime la lumière et ses ombres. Celui dont la posture droite, ancrée, camoufle une délicate sensibilité. Ton cœur ouvert a le don de rassembler les foules. Tes mots pour chacun nous fait nous sentir uniques. Ton sourire attachant se fait communicatif et nous fait nous illuminer pour te rendre la pareille. J'ai eu le privilège de te connaître, et la chance inestimable de me sentir au bon endroit à tes côtés, l'espace de quelques temps. Le degré d'intimité ne se mesure pas en temps. Un temps si précieux que je chérirai jusqu'à ne plus être.

J'aurais voulu être ton style, ta drogue, tes pensées, ton pilier, ton phare, ta sérénité, ton équilibre, ta folie, ton réconfort, ton excitation, ton exhaltation.

J'aurais aimé être celle que tu cherchais.

Merci de l'être pour moi.

Je t'aime avec une animalité extrême et sans limite.

Je t'aime avec une instinctivité qui ne ment pas.

Je t'aime avec une passion intensément viscérale.

Je t'aime avec une douceur profondément infinie et inébranlable.

Je t'aime sans conditions.

Je t'aime purement.

Je t'aime simplement.

Je t'ai aimé hier, je t'aime aujourd'hui, je t'aimerai demain.

Je t'aime tel que tu es.

À tous les amoureux du monde.

À ceux qui connaissent la réciprocité, profitez.

*À ceux qui expérimentent l'amour à sens unique,
aux amputés du cœur, continuez d'avancer, soyez doux avec
vous-même, et surtout, pardonnez-vous, vous n'y êtes pour rien.*

*À ceux que la vie a séparés, vivez,
le bonheur que vous avez ressenti continuera d'exister en vous.*

*À tous les amoureux, électrisez-vous de l'Amour
à vous en étourdir.*

*À chaque être, je vous souhaite de vivre votre vie pleinement,
dans la saveur de ces petits riens qui sont tout.*